À mes Kracos et gazelles, A. S. et I. qui se reconnaîtront
Sylvie Serprix

Édition : Marion de Rouvray et Aurélie Vigne
Fabrication : Aurélie Lacombe
Photogravure : Point4

Loi n° 49-956 du 16 juillet 1949 sur les publications
destinées à la jeunesse.
Dépôt légal : octobre 2011
ISBN : 978 2 7404 2904 4 – MDS : 60472
N° d'édition : M11135-01
Imprimé en Belgique par Proost en septembre 2011.

Valérie Guidoux

Sylvie Serprix

Un beau jour du crocodile

MANGO JEUNESSE

On dirait un jour comme les autres.

Le soleil cogne sur le marigot, où Kracos le vieux crocodile, immobile, flotte entre deux eaux : l'eau du dessous, profonde et noire, et l'eau du dessus, brillante et lisse comme un miroir.

Les yeux au ras de la surface, il guette une gazelle dorée
qui s'approche du rivage.
Invisible, le crocodile avance silencieusement.
Devant lui une onde lente se mêle à celle que fait la gazelle
en trempant son fin museau. Elle boit…

Ti-huit ! Ti-huit ! Un oiseau se pose sur le crâne de Kracos.
Surpris, celui-ci sort la tête de l'eau. Aussitôt, la gazelle bondit et disparaît.
– C'est malin, dit le crocodile. À cause de vous, elle est partie.
– Faites excuse, répond l'oiseau, je vous ai pris pour un radeau.

– Dites, je peux rester un peu sur vous,
pour attraper des petites bêtes dans l’eau ?
– Pourquoi pas, répond Kracos étonné.
Mais, si je vous mangeais ?
– Vous n’êtes pas obligé. Et puis...
– Quoi donc ?
– Eh bien, sans vouloir vous vexer,
vos dents sont très sales. Si vous permettez...

Peu après, tandis que Kracos se chauffe au soleil, l'oiseau sautille entre ses mâchoires ouvertes et se régale de tout ce qui traîne entre ses dents.
Le crocodile se laisse faire : jamais personne n'est entré aussi tranquillement dans sa gueule... Quand c'est fini, il soupire :
– Ça fait du bien. Vous reviendrez ?
– Bientôt, promis.

Après le départ de l'oiseau, Kracos est songeur.
« Qu'est-ce qui me prend ? murmure le vieux crocodile.
Je n'ai besoin de personne. Si j'ai faim, je dévore une gazelle, si j'ai froid, je me couche au soleil, si j'ai chaud, je retourne dans l'eau, et si je m'ennuie… si je m'ennuie… »
– Si tu t'ennuies, tu peux m'aider ! interrompt le singe qui se balance à l'arbre voisin.
Et il lui lance une noix sur la tête.

Kracos l'attrape au vol et crac ! l'écrabouille dans sa gueule.
— Pas si fort, dit le singe. Si tu pouvais juste la fendre un peu…
Une deuxième noix suit le même chemin :
cette fois, Kracos la bloque et la craque délicatement.
— Parfait ! Merci, dit le singe.

Il descend de son arbre et s'installe devant le crocodile, qui le regarde manger sans oser bouger. Jamais personne ne s'est assis si près de lui…

La tortue de terre s'approche à son tour.
– Quelle belle journée, n'est-ce pas ? dit-elle. Comme j'aimerais goûter l'herbe de l'autre côté. Il paraît qu'elle est bien meilleure. Hélas, je ne sais pas nager…
– Venez, dit Kracos, je vous emmène. Justement, j'ai envie d'y aller.
Sans attendre, le crocodile propose son dos à la tortue.
– Je viens aussi, dit le singe.

Bientôt, un étrange radeau traverse la rivière :
c'est Kracos, portant sur son dos le singe, la tortue et l'oiseau, qui est de retour.
Les autres crocodiles s'écartent devant ce cortège.
Les poissons et les grenouilles suivent son sillage.
Le pélican ouvre ses ailes et salue :
– Cher Kracos, quel bel équipage ! Tu es vraiment notre grand crocodile.
Kracos ne répond rien : les yeux au ras de l'eau, il vient d'apercevoir,
sur l'autre rive, la gazelle dorée.

Comme elle est belle…
Il s'immobilise et cesse de nager, de peur de lui faire peur…
– Avance donc, dit le singe.
– On y est presque ! s'exclame la tortue.
– Taisez-vous, souffle Kracos, elle va encore se sauver.
– Mais non, répond l'oiseau, regarde : elle t'attend !

Intrigué, Kracos s'approche alors du rivage. Le singe, la tortue et l'oiseau débarquent le long de son museau.
– Merci, cher ami, nous ne t'oublierons pas, lui disent-ils tous les trois. Adieu, et surtout, bon voyage…
– Quel voyage ? s'étonne le crocodile.
Mais il cesse aussitôt d'y penser, car là, tout près, quatre sabots délicats…

Ému, Kracos tremble devant la gazelle. Ce matin encore, il voulait la dévorer…
Après cette traversée, il est seulement capable de murmurer :
– Chère gazelle, dites-moi, est-ce que je rêve ?
La gazelle se penche vers lui :
– Pas du tout, mais le 36 792e jour de sa vie, voyez-vous, un crocodile n'a plus peur d'être gentil…
– Ah, soupire Kracos, c'est donc cela, ma chère gazelle… Mon 36 792e jour, déjà ? Pourrais-je le passer avec vous ?
Pour toute réponse, la gazelle vient boire près du vieux crocodile.

Il lui raconte les histoires du fleuve, elle l'écoute les yeux brillants, ils oublient le temps…

Et quand enfin vient le soir, pas d'adieu :
Kracos, heureux de cette étrange journée,
s'éloigne de son amie et s'enfonce dans l'eau noire du marigot,
tandis que la gazelle s'en va, légère.